CUISINEZ Malin !

Bérengère Abraham
Fabrice Besse

CUISINEZ Malin !

1 plat du dimanche = 1 déjeuner + 3 dîners

TENEZ JUSQU'AU MARDI AVEC LE PLAT CUISINÉ DU DIMANCHE

LAROUSSE

Sommaire

Que l'on vive en solo ou en tribu, cuisiner chaque jour des plats savoureux, équilibrés et de saison s'avère souvent être un vrai casse-tête. L'idéal serait de se servir dans un potager, cultivé dans son petit jardin, et de cuisiner ainsi au fil des saisons, selon ses besoins. Mais malheureusement, ce n'est que rarement possible.

J'ai toujours pensé que s'organiser au mieux était une première étape pour une cuisine vraiment facile. Les repas du dimanche sont souvent, pour moi, le moment de passer un peu plus de temps dans ma cuisine, de laisser mijoter un bon plat et de préparer un dessert pour les enfants. C'est aussi l'occasion de cuisiner avec eux, de leur faire éplucher les légumes et découvrir mes astuces de cuisinière. En s'organisant mieux et en réfléchissant de manière globale, on peut cuisiner le dimanche simplement pour une partie de la semaine. Les bénéfices sont multiples : la liste de course plus courte, le gaspillage réduit et les temps de cuisine raccourcis !

Cuisiner malin, c'est cuisiner plus en avance pour avoir des restes adaptés à des recettes précises ! Cuisiner malin, c'est cuisiner sans gaspillage : on utilise les épluchures des légumes (bio, si possible) ou les restes de pain pour quelques desserts, on fait des bouillons avec les arêtes et parure de poisson, les carcasses de volaille, les restes ou épluchures de légumes et on congèle les restes de bouillon pour un risotto improvisé ou une petite soupe express. Cuisiner pour la semaine implique par ailleurs de conserver au mieux les aliments, dans des boîtes propres et adaptées à chaque type de reste, réfrigérés le plus vite possible.

Enfin, manger de saison et local est vraiment primordial. Choisissez de vrais bons produits. Parfois en moins grande quantité, mais d'une réelle qualité gustative. Mangez des tomates l'été lorsqu'elles sont de plein champ et gorgées de soleil, et conservez les légumes de garde ou racines pour des plats mijotés d'hiver. Tout devient simple quand on connaît la saisonnalité des choses, c'est écolo et souvent bien plus économique !

Les COURSES de la semaine

DIMANCHE MIDI

650 g de paleron
650 g de gîte
650 g de basse côte
650 g de plat de côtes
4 os à moelle
8 carottes
2 oignons
4 poireaux
1 bouquet garni
3 gousses d'ail
4 clous de girofle
8 pommes de terre

DIMANCHE SOIR

250 g de blé précuit
2 petites doses de safran en poudre
1 oignon
vin blanc

LUNDI SOIR

1 kg de pommes de terre
1 branche de romarin
2 pâtes feuilletées
1 œuf
20 cl de crème liquide

MARDI SOIR

20 tomates cerises
10 feuilles de basilic
200 g de sauce tomate
2 pâtes brisées
1 œuf

Pot-au-feu

POUR 4 PERSONNES
PRÉPARATION : 30 MIN
CUISSON : 3 H 30

650 g de paleron
650 g de gîte
650 g de basse côte
650 g de plat de côtes
4 os à moelle
8 carottes
2 oignons
4 poireaux
1 bouquet garni
1 c. à café de poivre noir en grains
3 gousses d'ail
4 clous de girofle
8 pommes de terre
fleur de sel

1. Faites préparer la viande par le boucher. Faites dégorger les os à moelle dans un saladier d'eau froide. Lavez et séchez tous les légumes. Épluchez les carottes et les oignons. Coupez les carottes en rondelles et les oignons en gros morceaux. Réservez le vert des poireaux et détaillez le reste en biseau.

2. Placez les épluchures de carotte et le vert de poireau dans une cocotte avec le bouquet garni, le poivre, les gousses d'ail épluchées, les clous de girofle et la viande (sauf les os à moelle). Recouvrez d'eau, puis placez à feu doux. Lorsque le mélange commence à frémir, écumez, puis couvrez et laissez cuire 3 h à très petit feu.

3. Pendant ce temps, faites cuire les pommes de terre épluchées 30 min à l'eau.

4. Filtrez le bouillon, replacez-le dans la cocotte avec la viande et salez. Ajoutez les carottes, les oignons et les blancs de poireau, et poursuivez la cuisson 20 min.

5. Égouttez les os à moelle, salez-les de chaque côté afin qu'ils ne coulent pas dans le bouillon, puis ajoutez-les pour 10 min dans la cocotte. Au moment de servir, ajoutez les pommes de terre et dégustez bien chaud.

6. Réservez les restes de bouillon, de légumes et de viande.

Blesotto au safran

ET PETITS LÉGUMES AU BOUILLON DE POT-AU-FEU

POUR 4 PERSONNES
PRÉPARATION : 10 MIN
CUISSON : 20 MIN

300 g de restes de légumes
1 l de bouillon de pot-au-feu
250 g de blé précuit
2 petites doses de safran en poudre
1 oignon
1 c. à café d'huile d'olive
10 cl de vin blanc
sel et poivre

1. Coupez les légumes en petits cubes. Faites chauffer le bouillon en y ajoutant le safran.

2. Épluchez et émincez l'oignon. Faites-le revenir avec l'huile dans une casserole. Ajoutez le blé et mélangez bien. Versez le vin blanc, puis laissez-le s'évaporer à feu doux.

3. Ajoutez une louche de bouillon. Comme pour un risotto, lorsque le liquide est absorbé, versez une nouvelle louche de bouillon et procédez ainsi jusqu'à ce que le blé soit cuit, mais encore croquant (comptez environ 15 min).

4. Incorporez les légumes, mélangez bien, salez, poivrez et servez sans attendre.

Tourte aux pommes de terre

ROMARIN ET VIANDE DE POT-AU-FEU

POUR 4 PERSONNES
PRÉPARATION : 20 MIN
RÉFRIGÉRATION : 20 MIN
CUISSON : 1 H

- **200 g** de restes de viande de pot-au-feu
- **1 kg** de pommes de terre
- **3 c.** à soupe d'huile d'olive
- **1** branche de romarin
- **2** pâtes feuilletées
- **1** jaune d'œuf
- **20 cl** de crème liquide
- **fleur de sel** et poivre

1. Épluchez les pommes de terre, rincez-les, coupez-les en très fines tranches à l'aide d'une mandoline, puis placez-les dans un saladier avec l'huile d'olive, le romarin, du sel et du poivre. Mettez au frais 20 min. Effilochez la viande.

2. Préchauffez le four à 180 °C. Garnissez un moule à tarte beurré d'une pâte. Répartissez dessus les pommes de terre et la viande, puis couvrez avec l'autre pâte. Pliez les bords pour bien les souder. Creusez un petit trou avec un couteau au centre de la tourte afin de laisser la vapeur s'évacuer. Badigeonnez la surface de jaune d'œuf battu, puis enfournez pour 35 min.

3. Versez la crème dans la tourte par le petit trou. Faites cuire 25 min de plus, jusqu'à ce que la tourte soit bien dorée.

4. Dégustez bien chaud ou tiède.

Empanadas à la viande

DE POT-AU-FEU

POUR 4 PERSONNES
PRÉPARATION : 20 MIN
CUISSON : 10 À 15 MIN

- **200 g** de restes de viande de pot-au-feu
- **20** tomates cerises
- **10** feuilles de basilic
- **200 g** de sauce tomate
- **2** pâtes brisées
- **1** jaune d'œuf
- **fleur de sel** et poivre

1. Préchauffez le four à 180 °C. Coupez les tomates en 4 et ciselez le basilic. Effilochez la viande, puis mélangez-la avec la sauce tomate, les tomates cerises et le basilic. Salez et poivrez.

2. Coupez les pâtes en 12 disques. Garnissez-les de farce, puis pliez-les en 2 pour obtenir des petits chaussons. Scellez bien les bords.

3. Déposez les empanadas sur une plaque de cuisson recouverte de papier sulfurisé, puis badigeonnez-les de jaune d'œuf battu. Enfournez pour 10 à 15 min, jusqu'à ce qu'ils soient bien dorés.

Les COURSES de la semaine

DIMANCHE MIDI

2 poulets moyens
1,5 kg de pommes de terre
6 branches de romarin
6 gousses d'ail

DIMANCHE SOIR

3 carottes
1 citron bio
150 g de petites pâtes courtes
1 oignon
1 bulbe de fenouil
1 poireau

LUNDI SOIR

400 g de tomates cerises
2 avocats
1 boule de scamorza
2 oignons frais
1 citron

MARDI SOIR

2 cm de gingembre frais
1/2 bouquet de menthe
1 courgette
1 œuf
80 g de flocons d'avoine
150 g de mâche
50 g de pignons de pin

Poulet rôti

AUX POMMES DE TERRE

POUR 4 PERSONNES
PRÉPARATION : 25 MIN
CUISSON : 1 H 30

2 poulets moyens
1,5 kg de pommes de terre
6 branches de romarin
4 c. à soupe d'huile d'olive
50 g de beurre demi-sel
6 gousses d'ail
fleur de sel et poivre

1. Épluchez les pommes de terre, puis coupez-les en grosses frites.

2. Déposez les poulets dans un très grand plat de cuisson, puis placez 1 branche de romarin dans chaque poulet. Mélangez le reste du romarin aux pommes de terre, puis répartissez-les autour des poulets. Salez, poivrez, arrosez d'huile d'olive et parsemez le tout de dés de beurre. Ajoutez les gousses d'ail en chemise.

3. Enfournez à 180 °C sans préchauffage pour 1 h 30 environ. Faites cuire en arrosant le plus régulièrement possible.

4. Réservez les carcasses de poulet et les restes de viande.

Soupe de poulet

AU CITRON

POUR 4 PERSONNES
PRÉPARATION : 25 MIN
CUISSON : 2 H 15

2 cuisses de poulet
2 carottes
1 citron bio
150 g de petites pâtes courtes
fleur de sel et poivre

POUR LE BOUILLON

1 carcasse de poulet
1 carotte en cubes
1 oignon émincé
1 bulbe de fenouil émincé
1 poireau émincé

1. Préparez le bouillon. Placez la carcasse concassée dans une cocotte avec tous les ingrédients du bouillon. Couvrez d'eau, fermez la cocotte et laissez cuire 2 h à petit feu.

2. Pelez les carottes et coupez-les en très petits dés. Retirez la peau des cuisses de poulet et effilochez la chair. Coupez le citron en morceaux.

3. À la fin de la cuisson du bouillon, filtrez-le, reversez-le dans la cocotte, salez et poivrez. Ajoutez les carottes et laissez cuire 10 min environ. Incorporez enfin le citron et les pâtes. Laissez cuire encore 5 min, ajoutez les morceaux de poulet et dégustez bien chaud.

Salade de tomates

ET D'AVOCAT AU POULET ET À LA SCAMORZA

POUR 4 PERSONNES
PRÉPARATION : 20 MIN

2 ailes de poulet + **chair** grattée sur une carcasse

400 g de tomates cerises

2 avocats

1 boule de scamorza

2 oignons frais

fleur de sel et poivre

POUR LA SAUCE

4 c. à soupe d'huile d'olive

1 c. à café de moutarde

le jus de 1 citron

1. Effilochez le poulet. Coupez les tomates en 2. Épluchez les avocats et coupez-les en lamelles. Coupez également le fromage en lamelles. Ciselez les oignons frais.

2. Préparez la sauce. Mélangez l'huile d'olive avec la moutarde et le jus de citron.

3. Mélangez tous les ingrédients dans un saladier. Salez, poivrez, puis arrosez avec la sauce au citron.

Boulettes de poulet

AU GINGEMBRE

POUR 4 PERSONNES
PRÉPARATION : 25 MIN
CUISSON : 5 MIN

- **2** blancs de poulet (soit environ 300 g de chair)
- **2 cm** de gingembre frais
- **1/2** bouquet de menthe
- **1** courgette
- **1** œuf
- **80 g** de flocons d'avoine
- **2 c.** à soupe d'huile d'olive
- **150 g** de mâche
- **50 g** de pignons de pin
- **fleur de sel** et poivre

1. Râpez finement le gingembre. Ciselez la menthe. Râpez la courgette. Hachez grossièrement le poulet, puis mixez-le avec l'œuf, la courgette et les flocons d'avoine. Salez, poivrez, ajoutez la menthe et le gingembre, puis formez des boulettes avec cette préparation.

2. Poêlez les boulettes dans un filet d'huile d'olive, 5 min environ, jusqu'à ce qu'elles soient bien dorées.

3. Servez avec la mâche arrosée d'huile d'olive et agrémentée de pignons de pin.

Les COURSES de la semaine

DIMANCHE MIDI

rôti de veau de 2 kg
(ou 2 petits)
4 gousses d'ail
2 l de lait entier
9 branches de thym
4 courgettes
10 carottes bio
400 g de tomates cerises
400 g de petits pois écossés
1 brocoli

DIMANCHE SOIR

125 g de polenta
instantanée
1 oignon frais
50 g de pignons de pin
100 g de pousses d'épinards

LUNDI SOIR

3 œufs
25 cl de lait
10 feuilles de basilic
1 pâte brisée

MARDI SOIR

250 g de nouilles chinoises
2 cubes de bouillon
de légumes
2 cm de gingembre frais
(facultatif)
2 oignons frais
1/2 botte de ciboulette
sauce soja

Rôti de veau

AU LAIT ET PETITS LÉGUMES

POUR 4 PERSONNES
PRÉPARATION : 20 MIN
CUISSON : 1 H 20

- **1** rôti de veau de 2 kg (ou 2 petits)
- **4** gousses d'ail
- **9** branches de thym
- **2 l** de lait entier
- **20 g** de beurre demi-sel
- **4** courgettes
- **10** carottes bio
- **3 c.** à soupe d'huile d'olive
- **400 g** de tomates cerises
- **400 g** de petits pois
- **1** brocoli
- **fleur de sel** et poivre

1. Préchauffez le four à 180 °C. Épluchez les gousses d'ail. Chauffez le lait dans une casserole.

2. Dans une cocotte, faites fondre le beurre, puis faites dorer le rôti sur toutes les faces. Ajoutez les gousses d'ail, 5 branches de thym, salez, poivrez. Versez le lait chaud et refermez la cocotte. Baissez le four à 150 °C, puis enfournez la cocotte pour 25 min.

3. Coupez les courgettes en longs bâtonnets. Épluchez les carottes (réservez les épluchures au frais pour la recette de lundi) et coupez-les comme les courgettes. Déposez ces légumes dans un plat de cuisson, puis arrosez-les généreusement d'huile d'olive. Ajoutez les tomates, parsemez-les du thym restant effeuillé, salez, poivrez et enfournez pour 40 min en laissant la cocotte dans le four.

4. Après 40 min, ajoutez les petits pois écossés et les fleurettes de brocoli dans la cocotte, puis enfournez pour 15 min supplémentaires.

5. Réservez les restes de viande, de légumes et le lait de cuisson.

STAUB
STAUB

Polenta crémeuse

AU LAIT ET AU RÔTI DE VEAU

POUR 4 PERSONNES
PRÉPARATION : 20 MIN
CUISSON : 5 MIN

- **300 g** de restes de rôti
- **1 l** de lait de cuisson du rôti
- **125 g** de polenta instantanée
- **1** pincée de noix de muscade râpée
- **1** pincée de cannelle en poudre
- **1** oignon frais
- **50 g** de pignons de pin
- **100 g** de pousses d'épinards
- **2 c.** à soupe d'huile d'olive
- **sel** et poivre

1. Dans une casserole, placez le lait. Ajoutez la muscade et la cannelle. Salez et poivrez généreusement. Chauffez doucement, puis versez la polenta en pluie. Laissez cuire 5 min tout en remuant.

2. Détaillez le rôti en fines lamelles. Épluchez l'oignon et coupez-le en rondelles.

3. Répartissez la polenta dans 4 assiettes creuses, puis disposez dessus l'oignon, les pignons de pin, la viande et quelques pousses d'épinards. Arrosez d'un filet d'huile d'olive, salez, poivrez et servez sans attendre.

Quiche aux restes

DE LÉGUMES

POUR 4 PERSONNES
PRÉPARATION : 20 MIN
CUISSON : 50 MIN

200 g de restes de légumes
les épluchures des carottes
1 filet d'huile d'olive
3 œufs
25 cl de lait
10 feuilles de basilic
1 pâte brisée
sel et poivre

1. Préchauffez le four à 180 °C. Lavez soigneusement les épluchures des carottes. Faites-les revenir rapidement dans l'huile d'olive. Coupez les légumes en petits morceaux.

2. Fouettez les œufs avec le lait. Salez et poivrez. Ciselez le basilic, puis ajoutez-le.

3. Garnissez un moule à tarte de pâte, puis répartissez les légumes dessus. Recouvrez avec la préparation aux œufs, puis enfournez dans le bas du four pour 45 min environ, jusqu'à ce que la quiche soit bien dorée.

Soupe asiatique

AUX NOUILLES

POUR 4 PERSONNES
PRÉPARATION : 15 MIN
CUISSON : 10 MIN

- **400 g** de restes de légumes
- **400 g** de restes de rôti
- **250 g** de nouilles chinoises
- **2** cubes de bouillon de légumes
- **2 cm** de gingembre frais (facultatif)
- **2** oignons frais
- **1/2** botte de ciboulette
- **2 c.** à soupe de sauce soja
- **poivre**

1. Placez 1,5 l d'eau dans une casserole avec les cubes de bouillon. Si vous avez du gingembre, ajoutez-en quelques lamelles, puis laissez frémir 10 min.

2. Pendant ce temps, faites bouillir de l'eau. Hors du feu, plongez-y les nouilles pour 5 min.

3. Détaillez les légumes en petits cubes et la viande en fines tranches. Ciselez les oignons frais et la ciboulette.

4. Dans le bouillon, ajoutez la sauce soja, puis les légumes.

5. Répartissez les nouilles égouttées dans 4 bols, puis versez le bouillon et les légumes. Ajoutez la viande, puis parsemez de ciboulette et d'oignon. Servez sans attendre.

Les COURSES de la semaine

DIMANCHE MIDI

2 bars de 1,3 kg chacun environ, vidés mais non écaillés (ou 1 gros bar de 2,2 kg)

4 poivrons rouges

4 courgettes

3 aubergines

6 gousses d'ail

1 à 2 kg de gros sel gris

DIMANCHE SOIR

4 branches de céleri

4 cm de gingembre frais

200 g de riz noir venere

LUNDI SOIR

1 kg de patates douces

40 cl de lait de coco

2 cm de gingembre frais

MARDI SOIR

2 gousses d'ail

2 pâtes feuilletées

1 œuf

Bar en croûte de sel

ET LÉGUMES GRILLÉS

POUR 4 PERSONNES
PRÉPARATION : 30 MIN
CUISSON : 40 MIN

2 bars de 1,3 kg chacun environ, vidés mais non écaillés (ou 1 gros bar de 2,2 kg)
4 poivrons rouges
4 courgettes
3 aubergines
6 gousses d'ail
3 c. à soupe d'huile d'olive
1 à 2 kg de gros sel gris
fleur de sel et poivre

1. Préchauffez le four à 180 °C. Coupez les légumes en fines rondelles. Déposez-les dans un plat de cuisson avec les gousses d'ail en chemise et arrosez-les généreusement d'huile d'olive. Salez, poivrez et enfournez pour 40 min environ, jusqu'à ce qu'ils soient bien dorés.

2. Pendant ce temps, rincez et séchez les bars. Formez un lit de gros sel dans 2 plats de cuisson, puis déposez-y les poissons et couvrez-les complètement avec le reste de sel. Enfournez pour 30 min environ.

3. Servez le bar avec les légumes au four.

4. Réservez la chair du second poisson, les légumes restants et les arêtes des poissons.

Bouillon de poisson

RIZ NOIR ET LÉGUMES GRILLÉS

POUR 4 PERSONNES
PRÉPARATION : 20 MIN
CUISSON : 1 H 40

500 g de parures (arêtes et têtes) de poisson
quelques rondelles de restes de légumes
4 branches de céleri
4 cm de gingembre frais
5 grains de poivre noir
200 g de riz noir venere

1. Coupez le céleri en morceaux. Épluchez le gingembre, puis détaillez-le en fines lamelles.

2. Dans une casserole, portez à ébullition 3 l d'eau avec les parures de poisson, les trois quarts du céleri, le gingembre et le poivre noir. Laissez cuire à petits bouillons 1 h 30 en écumant régulièrement si besoin. À la fin de la cuisson, filtrez soigneusement le bouillon et réservez-le.

3. Faites cuire le riz noir 30 min dans une grande casserole d'eau bouillante, puis laissez-le reposer 10 min dans l'eau avant de l'égoutter.

4. Versez le bouillon filtré dans une casserole, puis ajoutez-y le reste de céleri. Faites bouillir 3 min, puis ajoutez les légumes grillés.

5. Répartissez le riz dans 4 bols. Versez dessus le bouillon avec le céleri et les légumes.

Brandade de bar

ET DE PATATES DOUCES AU LAIT DE COCO

POUR 4 PERSONNES
PRÉPARATION : 20 MIN
CUISSON : 50 MIN

- **250 g** de restes de chair de bar
- **1 kg** de patates douces
- **2 c.** à soupe d'huile d'olive
- **40 cl** de lait de coco
- **2 cm** de gingembre frais
- **fleur de sel** et poivre

1. Épluchez les patates douces, puis coupez-les en gros morceaux. Faites-les revenir dans une casserole avec un filet d'huile d'olive. Ajoutez un fond d'eau, puis le lait de coco et le gingembre préalablement râpé. Couvrez et laissez cuire 35 min. Mixez pour obtenir une purée lisse et épaisse.

2. Préchauffez le four à 200 °C. Émiettez le bar et arrosez-le d'huile d'olive. Salez et poivrez. Étalez-le dans un plat à gratin. Couvrez de purée de patate douce, puis enfournez pour 15 min environ, jusqu'à ce que la surface du gratin commence à dorer.

Petits chaussons

FEUILLETÉS AUX LÉGUMES GRILLÉS

POUR 4 PERSONNES
PRÉPARATION : 15 MIN
CUISSON : 10 MIN

250 g de restes de légumes

2 gousses d'ail

2 c. à soupe d'huile d'olive

2 pâtes feuilletées

1 jaune d'œuf

fleur de sel et poivre

1. Préchauffez le four à 200 °C. Recoupez les légumes en petits morceaux. Épluchez et râpez l'ail finement. Mélangez les légumes avec l'ail et un filet d'huile d'olive. Salez et poivrez.

2. Découpez les pâtes en 8 carrés, puis répartissez la farce aux légumes dessus. Refermez les feuilletés en repliant les coins vers le centre, puis déposez-les sur une plaque de cuisson recouverte de papier sulfurisé.

3. Badigeonnez les feuilletés de jaune d'œuf battu, puis enfournez pour 10 min environ, jusqu'à ce qu'ils soient bien dorés et gonflés.

Les COURSES de la semaine

DIMANCHE MIDI

1,2 kg de saucisses au couteau

2,2 kg de pommes de terre à purée

10 cl de crème liquide

DIMANCHE SOIR

180 g de farine

1 œuf

1 bouquet de menthe

20 cl de crème liquide

LUNDI SOIR

400 g d'orecchiette

1 oignon

2 tomates

300 g de sauce tomate

1 bouquet garni

50 g de pignons de pin

MARDI SOIR

4 œufs

150 g de comté râpé

quelques feuilles de menthe

50 g de farine

100 g de chapelure

Saucisse purée

POUR 4 PERSONNES
PRÉPARATION : 20 MIN
CUISSON : 50 MIN

- **1,2 kg** de saucisses au couteau
- **2,2 kg** de pommes de terre à purée
- **75 g** de beurre demi-sel
- **10 cl** de crème liquide
- **1** filet d'huile d'olive
- **sel** et poivre

1. Épluchez les pommes de terre, puis faites-les cuire 25 min à l'eau bouillante. Réduisez-les en purée à l'aide d'un presse-purée. Mettez de côté 1 kg de pommes de terre écrasées pour les jours suivants.

2. Incorporez le beurre au reste d'écrasée de pommes de terre. Salez, poivrez et ajoutez délicatement la crème pour obtenir une purée onctueuse.

3. Piquez les saucisses, puis faites-les dorer sur les 2 faces dans une sauteuse avec l'huile d'olive. Ajoutez 2 c. à soupe d'eau, couvrez et laissez cuire 25 min à feu doux.

4. Servez la purée avec les saucisses et le jus de cuisson récupéré dans la sauteuse.

5. Réservez les restes de saucisses.

STAUB
STAUB

Gnocchis de purée

DE POMMES DE TERRE À LA MENTHE

POUR 4 PERSONNES
PRÉPARATION : 40 MIN
CUISSON : 10 MIN

500 g de restes d'écrasée de pommes de terre

180 g de farine
1 jaune d'œuf
1 bouquet de menthe
20 cl de crème liquide
50 g de beurre
sel et poivre

1. Dans un saladier, incorporez progressivement la farine à l'écrasée de pomme de terre salée, puis ajoutez le jaune d'œuf et travaillez la pâte en la pétrissant jusqu'à ce qu'elle soit bien homogène. Formez des boules de pâte et passez-les sur une fourchette en appuyant avec le pouce pour former les gnocchis. Ciselez la moitié de la menthe.

2. Dans une casserole, chauffez la crème, ajoutez le reste de la menthe et laissez reposer.

3. Faites bouillir de l'eau salée dans une casserole et plongez-y les gnocchis quelques minutes. Ils sont cuits lorsqu'ils remontent à la surface.

4. Égouttez les gnocchis, puis placez-les dans une sauteuse et faites-les revenir avec le beurre en les retournant délicatement, salez, poivrez, arrosez-les de crème à la menthe et dégustez sans attendre.

Orecchiette à la saucisse

ET À LA SAUCE TOMATE

POUR 4 PERSONNES
PRÉPARATION : 15 MIN
CUISSON : 15 MIN

400 g de restes de saucisses

400 g d'orecchiette

1 oignon

2 tomates

2 c. à soupe d'huile d'olive

300 g de sauce tomate

1 bouquet garni

50 g de pignons de pin

sel et poivre

1. Coupez les saucisses en petits morceaux. Épluchez et émincez l'oignon. Coupez les tomates en cubes. Faites revenir l'oignon dans un filet d'huile d'olive, puis ajoutez les cubes de tomate, la sauce tomate, le bouquet garni et 10 cl d'eau. Salez, poivrez et laissez mijoter 15 min environ.

2. Pendant ce temps,faites cuire les pâtes *al dente* (comptez environ 10 min) dans un très grand volume d'eau bouillante salée, puis égouttez-les.

3. Pendant ce temps,faites griller les pignons de pin à sec dans une poêle.

4. Ajoutez les saucisses, puis les pâtes dans la sauce et mélangez bien. Rectifiez l'assaisonnement si nécessaire, incorporez les pignons et laissez chauffer encore 2 min avant de servir.

Croquettes de pommes de terre

AU COMTÉ ET À LA MENTHE

POUR 4 PERSONNES
PRÉPARATION : 25 MIN
CUISSON : 10 MIN

500 g de restes d'écrasée de pommes de terre

50 g de beurre demi-sel

2 œufs entiers + **2** jaunes

150 g de comté râpé

quelques feuilles de menthe

noix de muscade râpée

50 g de farine

100 g de chapelure

huile pour la friture

sel et poivre

1. Faites légèrement tiédir la purée avec le beurre. Incorporez les jaunes d'œufs, le comté, la menthe ciselée, de la muscade, du sel et du poivre.

2. Formez des boudins de pâte, puis détaillez-les en petits cylindres. Placez la farine dans un premier bol, les œufs entiers battus dans un deuxième, et enfin la chapelure dans un troisième. Passez les cylindres successivement dans la farine, puis dans l'œuf et enfin dans la chapelure. Renouvelez l'opération une seconde fois pour chaque cylindre.

3. Faites chauffer un bain d'huile, puis plongez-y les croquettes 4 par 4 jusqu'à ce qu'elles soient bien dorées. Égouttez-les et déposez-les sur du papier absorbant.

Les COURSES de la semaine

DIMANCHE MIDI

12 pommes de terre Pompadour
8 carottes
3 grosses courgettes
2 gros panais
3 bulbes de fenouil
2 oignons
ras el-hanout
1 bouquet de coriandre
1 kg de semoule de couscous

DIMANCHE SOIR

9 feuilles de lasagne
1 grosse boule de mozzarella
300 g de sauce tomate
crème fraîche épaisse
50 g de parmesan râpé

LUNDI SOIR

1 petit concombre
300 g de tomates cerises
3 oignons frais
1/2 bouquet de menthe
1/2 bouquet de coriandre
graines de sésame

MARDI SOIR

150 g de farine
50 g de parmesan râpé

Tajine de légumes

ET SEMOULE À LA CANNELLE

POUR 4 PERSONNES
PRÉPARATION : 30 MIN
CUISSON : 40 À 50 MIN

- **12** pommes de terre Pompadour
- **8** carottes
- **3** grosses courgettes
- **2** gros panais
- **3** bulbes de fenouil
- **2** oignons
- **4 c.** à soupe d'huile d'olive
- **1 c.** à soupe de ras el-hanout
- **1** bouquet de coriandre
- **1 kg** de semoule de couscous
- **1 c.** à café de cannelle en poudre

1. Lavez tous les légumes, puis pelez-les en réservant au frais les épluchures des carottes, courgettes, panais et fenouils pour la recette du soir. Coupez les légumes en morceaux. Épluchez et émincez les oignons.

2. Faites revenir les oignons sans coloration avec 2 c. à soupe d'huile d'olive et le ras el-hanout. Ajoutez les légumes et la moitié de la coriandre non ciselée. Mélangez bien, puis versez de l'eau à mi-hauteur, couvrez et laissez mijoter 40 à 50 min, jusqu'à ce que les légumes soient bien fondants.

3. Pendant ce temps, faites bouillir de l'eau. Placez la semoule dans un grand saladier, arrosez-la avec le reste d'huile d'olive, saupoudrez de cannelle, puis versez de l'eau bouillante pour la recouvrir. Couvrez avec un torchon propre et laissez la semoule gonfler 5 min. Égrainez-la avec une fourchette ou entre vos doigts.

4. Lorsque les légumes sont cuits, ajoutez le reste de coriandre effeuillée, puis servez avec la semoule.

5. Réservez les épluchures de légumes, les restes de semoule et de légumes.

STAUB

Lasagnes aux épluchures

DE LÉGUMES ET À LA MOZZARELLA

POUR 4 PERSONNES
PRÉPARATION : 30 MIN
CUISSON : 40 MIN

les épluchures de légumes du tajine

1 grosse boule de mozzarella

9 feuilles de lasagne

2 c. à soupe d'huile d'olive

300 g de sauce tomate

3 c. à soupe de crème fraîche épaisse

50 g de parmesan râpé

sel et poivre

1. Lavez soigneusement les épluchures, puis coupez-les en morceaux. Faites-les revenir 10 min dans une poêle avec un filet d'huile d'olive. Salez et poivrez.

2. Préchauffez le four à 180 °C. Coupez la mozzarella en tranches.

3. Dans le fond d'un plat à gratin huilé, déposez 3 feuilles de lasagne. Ajoutez la sauce tomate dessus, puis couvrez avec la mozzarella. Recouvrez d'une couche de pâte à lasagnes, puis des épluchures. Terminez par une dernière couche de pâte à lasagnes.

4. Mélangez la crème avec le parmesan, puis étalez ce mélange sur les lasagnes. Enfournez pour 30 min environ, jusqu'à ce que les pâtes soient bien cuites et le dessus doré.

Taboulé de semoule

DE COUSCOUS AUX LÉGUMES

POUR 4 PERSONNES
PRÉPARATION : 20 MIN

300 g de restes de semoule cuite

1 petit concombre

300 g de tomates cerises

3 oignons frais

1/2 bouquet de menthe

1/2 bouquet de coriandre

4 c. à soupe d'huile d'olive

1 c. à soupe de graines de sésame

sel et poivre

1. Coupez le concombre en cubes et les tomates en 2. Émincez les oignons et ciselez les herbes.

2. Mélangez la semoule avec les herbes et les oignons, les tomates et le concombre. Arrosez d'huile d'olive, salez et poivrez. Parsemez de graines de sésame et dégustez sans attendre.

Conseil

Si vous avez 1 citron, n'hésitez pas à ajouter son jus dans le taboulé.

Crumble salé de légumes

AU PARMESAN

POUR 4 PERSONNES
PRÉPARATION : 25 MIN
CUISSON : 40 MIN

500 g de restes de légumes cuits et égouttés

1 filet d'huile d'olive

sel et poivre

POUR LA PÂTE À CRUMBLE

150 g de farine

50 g de parmesan râpé

100 g de beurre demi-sel

1. Préchauffez le four à 180 °C. Coupez les légumes en morceaux, arrosez-les d'huile d'olive, puis placez-les dans le fond d'un plat de cuisson.

2. Préparez la pâte à crumble. Mélangez la farine et le parmesan, salez légèrement et poivrez. Ajoutez le beurre en morceau et travaillez l'ensemble du bout des doigts pour obtenir un mélange sableux.

3. Répartissez ce mélange sur les légumes, puis enfournez pour 40 min environ.

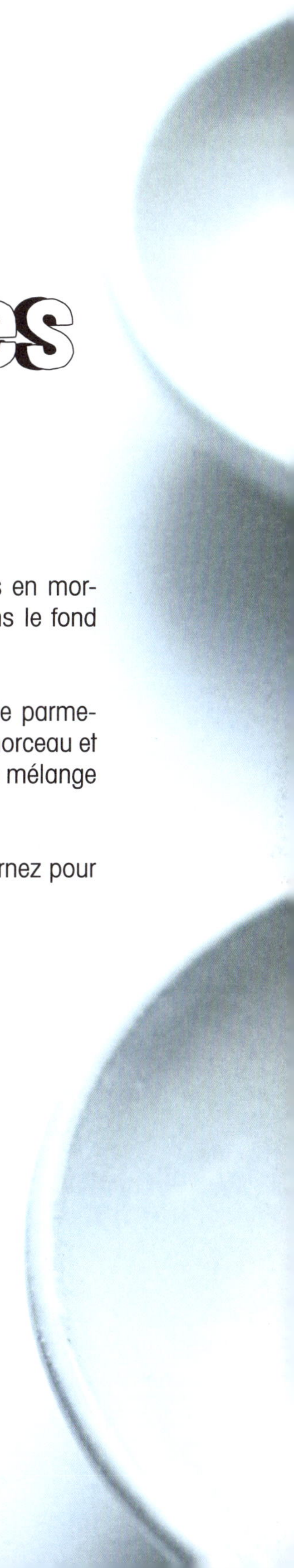

Les COURSES de la semaine

DIMANCHE MIDI

2,5 kg de palette de porc (avec os)

1,5 kg de pommes de terre grenailles

4 branches de thym

100 g de sucre blond

épices chili

DIMANCHE SOIR

2 aubergines

100 g de quinoa

50 g de noisettes

6 feuilles de sauge

crème fraîche épaisse

LUNDI SOIR

12 feuilles de brick

1 boule de mozzarella

10 feuilles de basilic

350 g de sauce tomate

MARDI SOIR

3 tranches de pain de mie

lait

1 œuf

4 abricots moelleux

50 g de pignons de pin

Pulled pork

ET POMMES DE TERRE RÔTIES

POUR 4 PERSONNES
PRÉPARATION : 25 MIN
MARINADE : 12 H
CUISSON : 8 H

2,5 kg de palette de porc (avec os)

1,5 kg de pommes de terre grenailles

3 c. à soupe d'huile d'olive

4 branches de thym

fleur de sel et poivre

POUR LA MARINADE

100 g de sucre blond

3 c. à soupe d'huile d'olive

2 c. à soupe bombées de moutarde

2 c. à soupe bombées de ketchup

2 c. à soupe d'épices chili

1. La veille, préparez la marinade en mélangeant tous les ingrédients avec 50 cl d'eau, puis enrobez-en la viande. Enveloppez de film alimentaire et laissez mariner 12 h au frais.

2. Le lendemain, préchauffez le four à 110 °C. Placez la viande et sa marinade dans un plat de cuisson. Enfournez pour 8 h en arrosant régulièrement la viande et en la retournant à mi-cuisson.

3. Brossez rapidement les pommes de terre sous l'eau et coupez-les en 2 et déposez-les sur une plaque de cuisson. Arrosez d'huile d'olive, salez, poivrez et parsemez de thym. Enfournez pour 40 min.

4. Servez la viande effilochée avec les pommes de terre bien dorées.

5. Réservez les restes de viande.

Aubergines farcies

AU PORC, AU QUINOA ET AUX NOISETTES

POUR 4 PERSONNES
PRÉPARATION : 25 MIN
CUISSON : 45 MIN

- **200 g** de restes de porc effiloché
- **2** aubergines
- **100 g** de quinoa
- **50 g** de noisettes
- **6** feuilles de sauge
- **4 c.** à soupe de crème fraîche épaisse
- **3 c.** à soupe d'huile d'olive
- **fleur de sel** et poivre

1. Préchauffez le four à 170 °C.

2. Faites cuire le quinoa préalablement rincé 10 min dans un grand volume d'eau salée, puis égouttez-le.

3. Coupez les aubergines en 2, puis évidez-les et hachez la chair récupérée. Hachez les noisettes et ciselez la sauge. Mélangez le quinoa avec la chair d'aubergine, la viande, la crème, les noisettes et la sauge. Salez et poivrez.

4. Garnissez les aubergines évidées de farce. Arrosez généreusement d'huile d'olive, puis enfournez pour 35 min environ, jusqu'à ce que les aubergines soient bien cuites.

Samoussas à la viande

SAUCE TOMATE ET MOZZARELLA

POUR 4 PERSONNES
PRÉPARATION : 30 MIN
CUISSON : 10 À 15 MIN

- **250 g** de restes de porc effiloché
- **12** feuilles de brick
- **1** boule de mozzarella
- **10** feuilles de basilic
- **350 g** de sauce tomate
- **1 c.** à café d'épices chili
- **50 g** de beurre salé
- **poivre**

1. Préchauffez le four à 180 °C. Coupez la mozzarella en cubes. Ciselez le basilic. Mélangez la sauce tomate avec la viande, la mozzarella, le basilic, les épices et du poivre.

2. Faites fondre le beurre. Coupez les bords arrondis des feuilles de brick, puis pliez-les en 2 pour obtenir de longues bandes de pâte. Badigeonnez-les de beurre fondu à l'aide d'un pinceau.

3. Déposez un peu de farce au bout de chaque bande de brick, puis repliez pour obtenir des samoussas bien fermés. Formez ainsi 12 samoussas et déposez-les sur une plaque de cuisson recouverte de papier sulfurisé. Enfournez pour 10 à 15 min, jusqu'à ce qu'ils soient bien dorés.

Boulettes moelleuses

DE PORC AUX ABRICOTS ET AUX PIGNONS

POUR 4 PERSONNES
PRÉPARATION : 20 MIN
CUISSON : 5 À 10 MIN

250 g de restes de porc effiloché

3 tranches de pain de mie trempées dans du lait

1 œuf

50 g de pignons de pin

4 abricots moelleux

2 c. à soupe d'huile d'olive

sel et poivre

1. Essorez la mie de pain et placez-la dans un mixeur avec la viande. Ajoutez l'œuf, salez, poivrez et mixez pour obtenir une préparation homogène.

2. Faites griller les pignons de pin à sec dans une poêle. Coupez les abricots en petits cubes.

3. Ajoutez les pignons et les abricots dans la préparation mixée, puis formez des boulettes en farinant vos mains si besoin. Faites-les cuire 5 à 10 min dans une poêle généreusement huilée, jusqu'à ce qu'elles soient bien dorées. Servez avec du boulgour citronné, par exemple.

Les COURSES de la semaine

DIMANCHE MIDI

450 g de poitrine crue fumée
800 g de jarret demi-sel
700 g de palette demi-sel
1 oignon
2 clous de girofle
3 gousses d'ail
1 bouquet garni
6 carottes
2 saucisses de Montbéliard
1 saucisse de Morteau
1 kg de lentilles vertes

DIMANCHE SOIR

3 pommes
4 oignons frais
2 avocats
curry

LUNDI SOIR

fécule de maïs
farine
1 œuf
1 carotte
curry
quelques brins de ciboulette
150 g de mâche

MARDI SOIR

250 g de farine
4 œufs
3 carottes
200 g de courge butternut
1 petite branche de romarin
100 g d'épinards
15 cl de lait

Petit salé aux lentilles

POUR 4 PERSONNES
PRÉPARATION : 30 MIN
DESSALAGE : 5 H
CUISSON : 3 H 05

450 g de poitrine crue fumée
700 g de palette demi-sel
800 g de jarret demi-sel
1 oignon
2 clous de girofle
3 gousses d'ail
1 bouquet garni
6 carottes
2 saucisses de Montbéliard
1 saucisse de Morteau
1 kg de lentilles vertes
poivre

1. Couvrez la palette et le jarret d'eau froide, et laissez-les dessaler 5 h. Si possible, changez l'eau toutes les heures.

2. Placez la poitrine, la palette et le jarret dans une grande cocotte, puis couvrez largement d'eau froide. Piquez l'oignon épluché avec les clous de girofle, ajoutez-le dans la cocotte ainsi que les gousses d'ail pelées et le bouquet garni. Placez à feu doux et faites cuire à petits bouillons 2 h 30 à compter de l'ébullition, en écumant si nécessaire.

3. Pendant ce temps, épluchez les carottes et coupez-les en rondelles. Faites cuire les saucisses 30 min dans une grande casserole d'eau.

4. À la fin de la cuisson de la viande, rincez les lentilles, puis ajoutez-les dans la cocotte. Mélangez bien, ajoutez les carottes et laissez cuire 35 min.

5. Coupez les saucisses en rondelles, puis ajoutez-les dans la cocotte. Poivrez et dégustez sans attendre.

6. Réservez les restes de viande, de lentilles et de légumes.

Salade de lentilles

AUX SAUCISSES ET AUX POMMES

POUR 4 PERSONNES
PRÉPARATION : 20 MIN

600 g de restes de lentilles
quelques rondelles de carotte restantes
quelques rondelles de saucisse de Morteau restantes
3 pommes
4 oignons frais
2 avocats
3 c. à soupe d'huile d'olive
1 c. à soupe de curry
sel et poivre

1. Épépinez les pommes et coupez-les en cubes. Recoupez les carottes en très fines rondelles. Ciselez les oignons. Épluchez les avocats et coupez-les en cubes. Coupez le reste de saucisse en fines tranches.

2. Mélangez l'huile d'olive avec le curry.

3. Mélangez les lentilles avec les pommes, les avocats, les oignons, les carottes et la saucisse. Arrosez avec l'huile parfumée au curry. Salez, poivrez et mélangez bien.

Petites galettes

DE LENTILLES AU CURRY

POUR 4 PERSONNES
PRÉPARATION : 20 MIN
CUISSON : 6 MIN PAR TOURNÉE

400 g de restes de lentilles

1 c. à soupe bombée de fécule de maïs

1 c. à soupe de farine

1 œuf

1 carotte

1 c. à soupe rase de curry

quelques brins de ciboulette

3 c. à soupe d'huile d'olive

150 g de mâche

sel et poivre

1. Mélangez les lentilles avec la fécule, la farine et l'œuf. Ajoutez la carotte râpée, le curry et la ciboulette ciselée. Salez, poivrez, puis mélangez bien.

2. Chauffez une poêle huilée, puis déposez-y 4 tas de pâte. Aplatissez-les avec le dos d'une cuillère pour former des galettes, puis faites-les cuire 3 min environ de chaque côté, jusqu'à ce qu'elles soient bien dorées. Renouvelez l'opération jusqu'à épuisement de la pâte.

3. Servez les galettes avec une salade de mâche arrosée d'huile d'olive.

Tourte aux légumes

AU PORC ET AU ROMARIN

POUR 4 PERSONNES
PRÉPARATION : 35 MIN
RÉFRIGÉRATION : 1 H
CUISSON : 55 MIN

POUR LA PÂTE

250 g de farine

125 g de beurre demi-sel

2 jaunes d'œufs

POUR LA GARNITURE

200 g de restes de viande

3 carottes

200 g de courge butternut

huile d'olive

1 petite branche de romarin

100 g d'épinards

2 œufs

15 cl de lait

sel et poivre

1. Préparez la pâte. Mélangez du bout des doigts la farine avec le beurre en morceaux pour obtenir un mélange sableux. Ajoutez 1 jaune d'œuf et 5 cl d'eau pour obtenir une pâte homogène. Enveloppez-la de film alimentaire et placez 1 h au frais.

2. Préparez la garniture. Épluchez les carottes et la courge, et coupez-les en cubes. Faites-les revenir 10 min dans un filet d'huile d'olive avec le romarin. Pendant ce temps, émincez les épinards. Faites-les revenir rapidement dans un filet d'huile d'olive.

3. Préchauffez le four à 200 °C. Fouettez les œufs avec le lait, salez et poivrez. Effilochez la viande.

4. Étalez la pâte sur un plan de travail fariné, puis formez 2 disques. Garnissez un moule à tarte beurré avec un disque de pâte, puis déposez-y les cubes de carotte et de courge, la viande et les épinards. Versez par-dessus la préparation aux œufs, puis fermez la tourte à l'aide du second disque de pâte. Soudez bien les bords, puis badigeonnez la surface de jaune d'œuf battu. Enfournez pour 45 min, jusqu'à ce que la pâte soit bien dorée.

Les COURSES de la semaine

DIMANCHE MIDI

700 g de riz arborio
16 langoustines
2 bulbes de fenouil
6 carottes bio
2 grosses échalotes
2 oignons
2 bottes d'asperges bio
vin blanc

DIMANCHE SOIR

2 bottes de nouilles soba
4 œufs
2 oignons frais
1/2 botte de ciboulette
sauce soja

LUNDI SOIR

4 courgettes blanches
10 feuilles de sauge
1 oignon frais
1 œuf

MARDI SOIR

1 boule de mozzarella
100 g de farine
2 œufs
100 g de chapelure

Risotto aux langoustines

ET AUX ASPERGES

POUR 4 PERSONNES
PRÉPARATION : 40 MIN
CUISSON : 2 H

- **700 g** de riz arborio
- **16** langoustines
- **2** bulbes de fenouil
- **6** carottes bio
- **2** grosses échalotes
- **4 c.** à soupe d'huile d'olive
- **10** grains de poivre noir
- **2** oignons
- **2** bottes d'asperges bio

1. Décortiquez les langoustines et concassez les têtes et les carapaces. Détaillez le fenouil. Pelez 4 carottes et coupez-les en rondelles. Ciselez les échalotes.

2. Dans une casserole, chauffez un filet d'huile d'olive et faites-y revenir les têtes et les carapaces. Versez 4 l d'eau, puis le fenouil, les carottes, les échalotes et le poivre. Laissez cuire à petits bouillons 1 h 30 en écumant si besoin. À la fin de la cuisson, filtrez le bouillon et prélevez 1,75 l pour le risotto. Récupérez quelques carottes, puis réservez-les avec le reste du bouillon au frais.

3. Pelez et émincez finement les oignons. Épluchez les asperges et coupez-les en tronçons. Pelez les carottes restantes et taillez-les en julienne. Conservez les épluchures de carotte et la moitié des épluchures d'asperge. Faites-les revenir rapidement dans 1 c. à soupe d'huile d'olive.

4. Dans une cocotte, faites blondir les oignons à feu doux avec 2 c. à soupe d'huile d'olive. Ajoutez le riz et remuez pendant 2 min afin de le nacrer. Versez le vin blanc, mélangez et laissez mijoter doucement tout en remuant jusqu'à ce que le vin soit absorbé. Versez le bouillon louche par louche et laissez à chaque fois le riz l'absorber complètement.

5. Pendant ce temps, plongez les asperges 3 min dans de l'eau bouillante, puis égouttez-les et passez-les sous l'eau froide. Lorsque le riz a absorbé la moitié du bouillon, ajoutez les asperges et la julienne de carottes.

6. Poêlez les langoustines à feu vif avec un peu d'huile d'olive. Lorsque le riz est bien cuit mais encore légèrement croquant, ajoutez les langoustines, arrosez d'huile d'olive et servez.

7. Réservez les restes de risotto, le bouillon et ses quelques rondelles de carotte, ainsi que les épluchures de légumes.

Bouillon de langoustines

AUX SOBA ET À L'ŒUF

POUR 4 PERSONNES
PRÉPARATION : 15 MIN
CUISSON : 10 MIN

1 l de bouillon de langoustines
quelques carottes du bouillon
2 bottes de nouilles soba
4 œufs
2 oignons frais
1/2 botte de ciboulette
2 c. à soupe de sauce soja
sel et poivre

1. Faites cuire les soba 5 min dans une casserole d'eau bouillante salée. Égouttez-les.

2. Chauffez le bouillon avec les carottes coupées en petits morceaux. Faites cuire les œufs mollets 5 min dans une casserole d'eau bouillante. Ciselez les oignons et la ciboulette.

3. Ajoutez la sauce soja dans le bouillon. Écalez les œufs sous l'eau froide.

4. Répartissez les nouilles dans 4 bols. Versez le bouillon chaud dessus et parsemez d'oignons et de ciboulette. Ajoutez 1 œuf dans chaque bol. Poivrez et servez sans attendre.

Galettes de riz grillées

AUX ÉPLUCHURES ET COURGETTES À LA SAUGE

POUR 4 PERSONNES
PRÉPARATION : 20 MIN
CUISSON : 20 MIN

700 g de restes de risotto

les épluchures des carottes et des asperges

4 c. à soupe d'huile d'olive

4 courgettes blanches

10 feuilles de sauge

1 oignon frais

1 œuf

fleur de sel et poivre

1. Lavez soigneusement les épluchures, puis hachez-les finement. Faites-les revenir 5 min avec un filet d'huile d'olive dans une poêle.

2. Coupez les courgettes en petits cubes. Faites-les cuire 10 min dans une sauteuse avec la sauge, un filet d'huile d'olive, du sel et du poivre.

3. Émincez l'oignon. Mélangez-le avec le riz et les épluchures. Salez, poivrez, incorporez l'œuf.

4. Chauffez une poêle généreusement huilée. Déposez des petits tas de préparation au riz et tassez-les avec le dos d'une cuillère pour former des galettes. Faites cuire 3 min de chaque côté, jusqu'à ce que les galettes soient bien dorées. Servez avec les courgettes à la sauge.

Arancini à la mozzarella

POUR 4 PERSONNES
PRÉPARATION : 30 MIN
CUISSON : 5 MIN

700 g de restes de risotto bien froid
1 boule de mozzarella
100 g de farine
2 œufs
100 g de chapelure
huile pour la friture
fleur de sel

1. Placez la farine dans un premier bol, les œufs battus dans un deuxième et la chapelure dans un troisième.

2. Coupez la mozzarella égouttée en gros cubes. Formez des boules avec le risotto. Placez un cube de mozzarella au centre de chacune d'entre elles.

3. Chauffez l'huile de friture. Passez les boules successivement dans la farine, dans l'œuf et enfin dans la chapelure. Répétez l'opération une seconde fois pour toutes les boules.

4. Plongez-les alors 2 par 2 dans le bain d'huile jusqu'à ce que les arancini soient bien dorés. Salez et servez sans attendre.

Les COURSES de la semaine

DIMANCHE MIDI

1 échine de porc désossée de 1,8 kg environ
1,5 kg de petits pois frais
3 gousses d'ail
3 branches de romarin
1 tranche de couenne
3 oignons frais
1 bouquet de menthe
sucre en poudre

DIMANCHE SOIR

400 g de pommes de terre
1 oignon frais
1 bouquet de menthe
4 tranches de jambon ibérique
125 g de fromage de chèvre frais

LUNDI SOIR

400 g de trofie
2 gousses d'ail
2 oignons frais
1 branche de thym
1 feuille de laurier
350 g de sauce tomate
200 g de tomates cerises

MARDI SOIR

8 tortillas de blé
2 avocats
1/2 botte de ciboulette
quelques feuilles de menthe
100 g de crème fraîche épaisse
200 g de tomates cerises

Porchetta maison

ET PETITS POIS À LA MENTHE

POUR 4 PERSONNES
PRÉPARATION : 35 MIN
CUISSON : 1 H 45

- **1** échine de porc désossée de 1,8 kg environ
- **1,5 kg** de petits pois frais
- **3** gousses d'ail
- **3** branches de romarin
- **1** tranche de couenne
- **3** oignons frais
- **1** bouquet de menthe
- **25 g** de beurre demi-sel
- **1 c.** à soupe de sucre en poudre
- **fleur de sel** et poivre

1. Préchauffez le four à 200 °C. Demandez au boucher de couper l'échine pour obtenir une grande feuille prête à rouler.

2. Râpez l'ail finement et hachez le romarin. Salez et poivrez l'intérieur de la viande et répartissez par-dessus l'ail et le romarin. Roulez la viande très serrée, enveloppez-la dans la couenne, puis ficelez comme un rôti. Enfournez pour 1 h 45 en arrosant fréquemment avec le jus de cuisson.

3. Pendant ce temps, écossez les petits pois (réservez les cosses), épluchez les oignons et coupez-les en rondelles. Effeuillez la menthe.

4. Dans une cocotte, faites fondre le beurre et faites-y revenir rapidement les oignons sans coloration. Ajoutez les petits pois et mélangez bien. Saupoudrez de sucre, ajoutez la menthe, puis couvrez d'eau. Salez et poivrez. Laissez mijoter 10 min à couvert, puis retirez le couvercle et poursuivez la cuisson 10 min.

5. Laissez reposer la porchetta quelques minutes hors du four avant de la trancher. Dégustez avec les petits pois.

6. Réservez les restes de viande et de petits pois, et les cosses.

Soupe de cosses

DE PETITS POIS, CHÈVRE ET COPEAUX DE JAMBON

POUR 4 PERSONNES
PRÉPARATION : 20 MIN
CUISSON : 30 MIN

- **800 g** de cosses de petits pois
- **400 g** de pommes de terre
- **1** oignon frais
- **25 g** de beurre demi-sel
- **1** bouquet de menthe
- **4** tranches de jambon ibérique
- **125 g** de fromage de chèvre frais
- **fleur de sel** et poivre

1. Lavez avec précaution les cosses de petits pois et coupez-les en petits morceaux. Épluchez les pommes de terre et coupez-les en morceaux. Pelez et ciselez l'oignon.

2. Faites revenir dans le beurre fondu les cosses et l'oignon. Ajoutez les pommes de terre, salez, poivrez et couvrez d'eau. Incorporez la menthe et laissez cuire 30 min.

3. Mixez la soupe, puis filtrez soigneusement pour éliminer les fibres. Servez tiède avec les tranches de jambon coupées en lamelles et quelques cuillerées de fromage frais. Salez et poivrez généreusement avant de servir.

Trofie à la tomate

ET AUX RESTES DE VIANDE

POUR 4 PERSONNES
PRÉPARATION : 20 MIN
CUISSON : 30 MIN

- **350 g** de restes de viande
- **400 g** de trofie
- **2** gousses d'ail
- **2** oignons frais
- **1** filet d'huile d'olive
- **1** branche de thym
- **1** feuille de laurier
- **350 g** de sauce tomate
- **200 g** de tomates cerises
- **fleur de sel** et poivre

1. Épluchez et râpez l'ail. Pelez et ciselez les oignons.

2. Faites revenir l'ail et les oignons dans une cocotte avec l'huile d'olive. Ajoutez le thym, le laurier, la sauce tomate, les tomates cerises et 10 cl d'eau. Salez, poivrez et laissez mijoter 20 min.

3. Coupez la viande en cubes et ajoutez-les dans la sauce. Prolongez la cuisson de 10 min.

4. Pendant ce temps, faites cuire les pâtes *al dente,* puis égouttez-les et ajoutez-les dans la cocotte. Mélangez bien et servez sans attendre.

Tortillas au porc

ET PETITS LÉGUMES AU BOUILLON DE POT-AU-FEU

POUR 4 PERSONNES
PRÉPARATION : 25 MIN
CUISSON : 2 MIN

250 g de restes de viande

8 tortillas de blé

2 avocats

1/2 botte de ciboulette

quelques feuilles de menthe

100 g de crème fraîche épaisse

3 c. à soupe d'huile d'olive

200 g de tomates cerises

sel et poivre

1. Préchauffez le four à 180 °C. Hachez les herbes et mélangez-les avec la crème. Coupez la viande en fines tranches. Épluchez les avocats et écrasez-les avec un filet d'huile d'olive. Lavez, séchez les tomates et coupez-les en 2.

2. Réchauffez les tortillas 2 min au four, puis garnissez-les avec la crème, la viande, les avocats et les tomates. Salez, poivrez, arrosez d'huile d'olive et servez sans attendre.

Les COURSES de la semaine

DIMANCHE MIDI

500 g de pommes de terre
500 g de carottes
400 g de patates douces
1 bulbe de fenouil
1 brocoli
1 gros oignon
1 aubergine
huile de coco
curry
1 poignée d'épinards
60 cl de lait de coco
1 kg de riz thaï
50 g de pistaches vertes

DIMANCHE SOIR

piment d'Espelette
mascarpone

LUNDI SOIR

150 g de mâche
2 avocats
1 grenade
graines de pavot

MARDI SOIR

4 oignons frais
3 œufs
quelques brins de ciboulette
sauce soja

Curry de légumes

ET RIZ AUX PISTACHES

POUR 4 PERSONNES
PRÉPARATION : 30 MIN
CUISSON : 40 MIN

500 g de pommes de terre

500 g de carottes

400 g de patates douces

1 bulbe de fenouil

1 brocoli

1 gros oignon

1 aubergine

2 c. à soupe d'huile de coco

1 c. à soupe de curry

1 poignée d'épinards

60 cl de lait de coco

1 kg de riz thaï

50 g de pistaches vertes

sel et poivre

1. Épluchez les pommes de terre, les carottes et les patates douces. Coupez-les en rondelles. Détaillez le fenouil en morceaux et le brocoli en fleurettes. Épluchez l'oignon et coupez-le en gros morceaux. Coupez l'aubergine en demi-rondelles.

2. Faites revenir l'oignon dans l'huile de coco avec le curry. Ajoutez tous les légumes, mélangez bien, puis versez le lait de coco et 15 cl d'eau. Salez, poivrez, couvrez et laissez mijoter 40 min à feu doux.

3. Pendant ce temps, faites cuire le riz 10 min à l'eau bouillante.

4. Concassez les pistaches, puis ajoutez-les au riz égoutté. Salez, poivrez et servez avec le curry de légumes.

5. Réservez les restes de légumes, de sauce au lait de coco et de riz.

Velouté express

DE LÉGUMES ÉPICÉS AU MASCARPONE

POUR 4 PERSONNES
PRÉPARATION : 10 MIN
CUISSON : 5 MIN

600 g de restes de légumes

10 cl de reste de sauce au lait de coco

1 pincée de piment d'Espelette

4 c. à soupe de mascarpone

sel et poivre

1. Réchauffez les légumes et la sauce au lait de coco avec le piment. Salez, poivrez, puis mixez à pleine puissance.

2. Ajoutez le mascarpone, mixez de nouveau et servez sans attendre.

Buddha bowl

À L'AVOCAT, À LA MÂCHE ET À LA GRENADE

POUR 4 PERSONNES
PRÉPARATION : 20 MIN
CUISSON : 5 MIN

400 g de restes de légumes
250 g de restes de riz
150 g de mâche
2 avocats
1 grenade
4 c. à soupe d'huile d'olive
2 c. à soupe de graines de pavot
sel et poivre

1. Lavez et séchez délicatement la mâche pour bien retirer le sable. Épluchez les avocats, coupez-les en 2, retirez le noyau, puis détaillez la chair en fines lamelles. Coupez la grenade en 2 et égrainez-la.

2. Réchauffez le riz et les légumes séparément.

3. Dans 4 grands bols, répartissez harmonieusement la mâche, le riz, les légumes, la grenade et les avocats. Arrosez généreusement d'huile d'olive, parsemez de graines de pavot, salez et poivrez. Servez sans attendre.

Fried rice aux œufs

ET AUX LÉGUMES

POUR 4 PERSONNES
PRÉPARATION : 20 MIN
CUISSON : 10 MIN

850 g de restes de riz

200 g de restes de légumes

4 oignons frais

2 c. à soupe d'huile d'olive

3 œufs

quelques brins de ciboulette

2 c. à soupe de sauce soja

poivre

1. Coupez les légumes en petits cubes. Ciselez les oignons et faites-en revenir la moitié dans un wok avec l'huile d'olive.

2. Ajoutez le riz et les légumes. Laissez griller 2 min à feu vif, puis versez les œufs et mélangez pour bien en enrober le riz. Ajoutez la ciboulette ciselée, la sauce soja et le reste des oignons. Poivrez et servez sans attendre.

Bread and butter pudding

POUR 4 PERSONNES
PRÉPARATION : 20 MIN
CUISSON : 30 MIN

4 grandes tranches de pain de mie rassis

100 g de beurre demi-sel

3 œufs

100 g de sucre blond

1 gousse de vanille fendue et grattée

50 cl de lait entier

100 g de pépites de chocolat

1. Préchauffez le four à 180 °C. Coupez les tranches de pain en 4.

2. Beurrez un plat en porcelaine. Faites fondre le reste du beurre, puis badigeonnez-en les tranches de pain.

3. Battez les œufs avec le sucre et les graines de vanille. Ajoutez le lait, les pépites de chocolat et fouettez bien.

4. Répartissez les tranches de pain beurrées verticalement dans le plat et versez par-dessus la préparation aux œufs. Enfournez pour 30 min, jusqu'à ce que l'ensemble soit bien doré.

Pudding au chocolat

ET AUX NOISETTES

POUR 4 PERSONNES
PRÉPARATION : 20 MIN
CUISSON : 45 MIN
RÉFRIGÉRATION : 2 H

200 g de pain rassis

100 g de chocolat noir

60 cl de lait

1 c. à soupe bombée de purée de noisette

4 œufs

120 g de sucre en poudre

50 g de noisettes

1. Hachez le chocolat. Faites chauffer le lait avec la purée de noisette, puis versez-le sur le chocolat. Mélangez bien. Laissez refroidir.

2. Coupez le pain en morceaux, puis ajoutez-les dans le lait au chocolat. Laissez-le s'imbiber, puis mixez l'ensemble avec les œufs et le sucre. Incorporez les noisettes concassées.

3. Versez dans un moule à cake beurré. Enfournez pour 45 min, puis laissez refroidir et placez au frais 2 h avant de déguster.

Financiers aux restes

DE BLANCS D'ŒUFS

POUR 4 PERSONNES
PRÉPARATION : 20 MIN
RÉFRIGÉRATION : 30 MIN
CUISSON : 12 MIN

- **3 blancs** d'œufs
- **85 g** de beurre demi-sel
- **1 c.** à soupe de miel de châtaignier
- **35 g** de farine
- **1** pincée de sel
- **50 g** d'amandes en poudre
- **85 g** de sucre glace

1. Faites fondre le beurre noisette (en le laissant blondir), puis ajoutez le miel et laissez tiédir.

2. Dans un saladier, mélangez la farine avec le sel, les amandes et le sucre glace. Fouettez les blancs d'œufs rapidement pour les détendre, puis ajoutez-les. Incorporez le beurre au miel, puis remplissez de pâte des moules à financiers en silicone. Placez 30 min au frais.

3. Préchauffez le four à 200 °C. Enfournez les financiers pour 12 min environ, jusqu'à ce qu'ils soient bien dorés. Procédez en plusieurs fournées si nécessaire et laissez refroidir sur une grille.

Brioche perdue

À LA FLEUR D'ORANGER

POUR 4 PERSONNES
PRÉPARATION : 15 MIN
CUISSON : 5 MIN

- **8** tranches de brioche aux pépites de chocolat (ou nature)
- **25 cl** de lait
- **2** œufs
- **4** c. à soupe de sucre en poudre
- **1 c.** à soupe d'eau de fleur d'oranger
- **1** gousse de vanille
- **30 g** de beurre demi-sel
- **sucre glace** pour décorer

1. Dans un saladier, mélangez le lait avec les œufs, le sucre, l'eau de fleur d'oranger et la gousse de vanille fendue et grattée.

2. Faites fondre le beurre dans une poêle chaude. Plongez les tranches de brioche les unes après les autres dans la préparation vanillée, puis poêlez-les sur les 2 faces jusqu'à ce qu'elles soient dorées. Saupoudrez de sucre glace au moment de servir.

Conseil

Vous pouvez manger ces tranches de brioche avec de la crème anglaise, des pommes poêlées ou des fruits rouges selon la saison.

INDEX DES RECETTES

PAR ORDRE ALPHABÉTIQUE

A

B

C

E-F-G

L-O-P

Q-R-S

T-V

Index des recettes par ingrédient

M

N-O

P-Q

R

S

T-V

Remerciements de l'auteur :

Merci à Margot Lhomme, Judith Lasry, Anne Berthelot, Louiselio et Christiane Perrochon pour leurs céramiques.

Merci à Pauline Lavatine pour sa collaboration au stylisme de l'ouvrage.

Direction de la publication : Isabelle Jeuge-Maynart et Ghislaine Stora
Direction éditoriale : Émilie Franc
Édition : Coralie Benoit
Couverture : Véronique Laporte
Conception graphique et mise en page : Violette Bénilan
Fabrication : Donia Faiz

ISBN : 978-2-03-594043-8
Photogravure : IGS-CP, 16 L'Isle d'Espagnac
Imprimé en Espagne par INDUSTRIA GRAFICA CAYFOSA
Dépôt légal : septembre 2017
319456/01 – 11035078 – août 2017